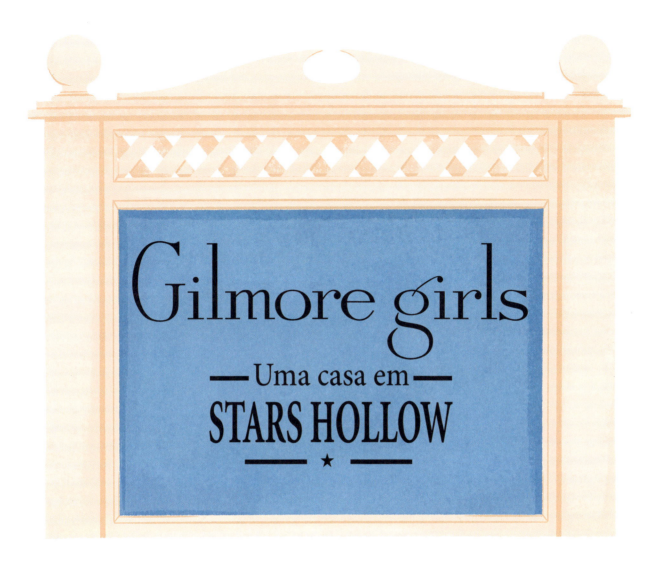

Gilmore girls
Uma casa em STARS HOLLOW

Escrito por Micol Ostow

Ilustrado por Cecilia Messina

Traduzido por Adriana Krainski

Copyright © 2023 Warner Bros. Entertainment Inc.
GILMORE GIRLS e todos os personagens e elementos relacionados
© & TM Warner Bros. Entertainment Inc.
WB SHIELD: TM & © WBEI. (s22)
Publicado mediante acordo com Insight Editions, PO Box 3088, San Rafael, CA
94912, USA, www.insighteditions.com

Título original: Gilmore Girls: at home in Stars Hollow

Nenhuma parte desta publicação pode ser reproduzida, armazenada ou
transmitida para fins comerciais sem a permissão do editor. Você não precisa
pedir nenhuma autorização, no entanto, para compartilhar pequenos trechos ou
reproduções das páginas nas suas redes sociais, para divulgar a capa, nem para
contar para seus amigos como este livro é incrível (e como somos modestos).

Este livro é o resultado de um trabalho feito com muito amor, diversão e gente
finice pelas seguintes pessoas:

Gustavo Guertler (*publisher*), Germano Weirich (coordenação editorial
e revisão), Adriana Krainski (tradução), Celso Orlandin Jr. (adaptação
do projeto gráfico e diagramação).
Obrigado, amigos.

2023
Todos os direitos desta edição reservados à
Editora Belas Letras Ltda.
Rua Visconde de Mauá, 473/301 – Bairro São Pelegrino
CEP 95010-070 – Caxias do Sul – RS
www.belasletras.com.br

Dados Internacionais de Catalogação na Fonte (CIP)
Biblioteca Pública Municipal Dr. Demetrio Niederauer
Caxias do Sul, RS

O85g	Ostow, Micol
	Gilmore Girls: uma casa em Stars Hollow / Micol Ostow; ilustrações: Cecilia Messina; tradutora: Adriana Krainski. - Caxias do Sul, RS: Belas Letras, 2023.
	40 p.: il.
	Título original: Gilmore Girls: at home in Stars Hollow
	ISBN: 978-65-5537-286-1
	978-65-5537-287-8
	1. Gilmore girls (Programa de televisão). I. Messina, Cecilia. II. Krainski, Adriana. III. Título.
23/13	CDU 791.43

Catalogação elaborada por Vanessa Pinent, CRB-10/1297

Venha conosco conhecer uma mãe e uma filha muito especiais. Talvez você já tenha ouvido falar delas.

Elas se chamam…

Lorelai Gilmore

E **Lorelai Gilmore**.

(A mais nova é conhecida como **"Rory"**.)

Era uma vez —
quando todas as meninas colecionavam papéis de carta
e bandas de rock só de meninas estouraram nas rádios —
um lugar muito especial
chamado Stars Hollow.

E neste lugar muito especial
havia um jardim mágico e secreto
que ficava atrás de um hotel encantado...

E havia bolos deliciosos de comer com os olhos, protegidos por redomas de vidro enormes e lustrosas.

Atrás de todas essas coisas,
em um cantinho simpático e acolhedor,
gostoso e confortável,
havia um lugar quietinho
que quase passava despercebido,
mas que possivelmente continha
uma boa dose de magia...

Era uma cabana.

Uma cabana pequena que não chamava a atenção.

Mas voltando àqueles tempos,
dentro daquela cabana muito especial,
duas pessoas ainda mais especiais
construíram uma casinha secreta
que era só delas e de mais ninguém.

Quem eram essas pessoas?
As Gilmore Girls, é claro!

Elas dormiam juntas em uma cama gostosa enfeitada de rosas.

Não havia um prato ou uma xícara que combinassem, então as louças formavam uma mistura colorida.

E a parte mais divertida era a banheira...
Bem no meio do quarto!!!

Lorelai pendurou uma cortina franzida em volta da banheira (para dar mais privacidade e ficar mais chique).

O Independence Inn foi a primeira casa em que Rory morou.

A proprietária, Mia, foi logo recebendo as garotas como se elas fossem da família.

Ela contratou Lorelai como governanta do hotel.

Lorelai trabalhou duro e foi promovida várias vezes, até que passou a administrar todo o hotel.

O hotel estava sempre cheio de pessoas interessantes.

Sookie, a chef, preparava banquetes de dar água na boca (mas deixava uma **bagunça** na cozinha!).

Michel encantava os hóspedes com seu elegante sotaque francês.

E Rory passava as tardes e os finais de semana ajudando todo mundo no hotel.

Lorelai e Rory não tinham muito dinheiro
naqueles primeiros tempos na cabana,
mas elas têm muitas lembranças boas do tempo que passaram lá.

Elas nunca deixavam de fazer três refeições **quadradas** por dia.

E tinham uma vida social agitada.
E Lorelai ensinou à Rory o segredo mais incrível...

Como se aventurar
em qualquer lugar que elas quisessem,
viajar por histórias sem fim,
e criar uma magia muito especial entre elas,
simplesmente virando as páginas de um livro.

Com o passar daqueles anos mágicos,
elas fizeram mais amigos em Stars Hollow.

(Alguns amigos eram... mais *amigáveis* do que os outros.)

Não demorou muito e logo a vida delas naquela pequena cabana se firmou e criou raízes, crescendo muito além do que elas poderiam sonhar.

A vida delas se estendeu e se espalhou para além da área do hotel,

Dando voltas e rodeios ao ritmo da batida do coração das garotas.

E enfim, foram morar em uma casa nova com um toque de magia muito especial.

Elas começaram a sentir que Stars Hollow era um lugar que elas sempre guardariam no coração.

Todos os anos, no aniversário da Rory,
Lorelai contava a história do dia em que Rory nasceu.

Às vezes,
as garotas visitavam
os avós de Rory...

Um lugar cheio de
velas e buquês,
tudo muito chique, elegante e grandioso.

Richard e Emily Gilmore faziam as coisas de um certo modo — o modo deles.

Sim, eles arrumavam a mesa com todos os tipos de garfos e colheres (de prata, é claro, devidamente polidos para brilhar bastante).

Emily sabia qual arranjo de flores combinava com a mesa de jantar e qual combinava com a sala de estar.

E as caixas de chocolate que ela sempre oferecia como lembrança eram o grande assunto de qualquer festa…

Mas as festas longe de Stars Hollow não eram a mesma coisa.

Ninguém usava chapeuzinhos de festa ou colares de pluma na mesa de jantar, como elas faziam em Stars Hollow.

A casa chique foi onde Lorelai cresceu.
Mas ali ela não se sentia em casa.

Voltando para Stars Hollow, a casa delas era sempre aconchegante e acolhedora…

Stars Hollows era sempre aconchegante e acolhedora.
Chegar em Stars Hollow era a mesma coisa que chegar em casa.

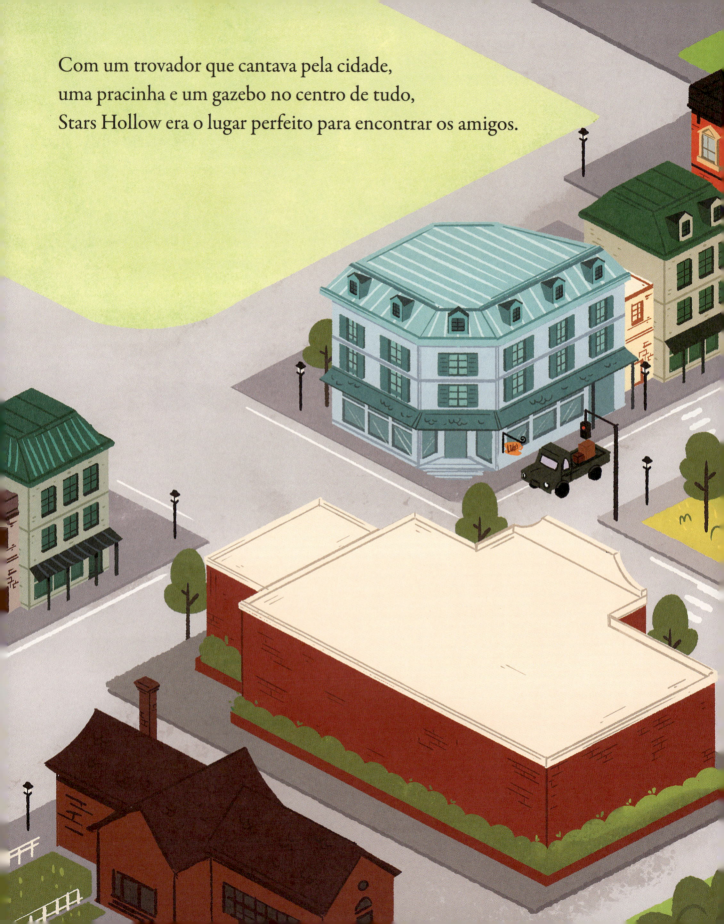

Com um trovador que cantava pela cidade,
uma pracinha e um gazebo no centro de tudo,
Stars Hollow era o lugar perfeito para encontrar os amigos.

Cada estação tinha sua própria celebração.

E Lorelai e Rory gostavam de todas elas.

Da caça aos ovos de Páscoa durante a **primavera**...

Aos festivais **no final de verão** (com uma quantidade *absurda* de sorvete)...

O **outono** em Stars Hollow era tempo de passeios de charrete e festas de Dia das Bruxas.

Mas o **inverno** era a estação preferida de Lorelai.
Ela sentia o cheiro da neve chegando pelo ar.

O inverno era a época dos concursos de boneco de neve, passeios de trenó, desfiles de Natal e roupas quentinhas.

Sim, Lorelai sabia que a casa em Stars Hollow era mágica.

Ela sabia desde o começo da história.

Ali era onde morava o coração das duas.

(Com certeza você vai concordar com isso!)

Mas Lorelai também sabia de uma coisa:
Em qualquer lugar em que ela e Rory estivessem juntas...

Tudo
seria sempre
mágico.